Roho huru
Mungu ndani mwetu

Neno la milele,
Mungu mmoja, Roho huru,
ananena kupitia Gabriele,
kama vile pia alivyonena kupitia
manabii wote wa Mungu:
Abrahamu, Musa, Isaya, Yobu, Elia
na Yesu wa Nazareti,
Kristo wa Mungu

Roho huru

Mungu ndani mwetu

Gabriele

Gabriele Publishing
The Word

Roho huru
Mungu ndani mwetu

First Edition in Swahili: April 2022
1ère édition en Swahili: Avril 2022

Translated from the original German title:
Traduit de l'allemand, titre original:

Der Freie Geist – Gott in uns

The German edition is the work of reference
for all questions regarding the meaning of the contents
Pour toute question se rapportant au sens,
l'édition allemande fait référence

© All Rights Reserved / Tous droits réservés
Gabriele-Verlag Das Wort GmbH

Order No./ N° de comm. : S179sw   •ISBN : 978-3-96446-247-3

Yaliyomo

Utangulizi

Maneno mengi yamesemwa na kuandikwa kuhusu Mungu, ila ni nani anayejua ukweli?

Hakika, hakuna mtu awezaye kumthibitishia mtu yeyote kwamba kweli Mungu yupo. Wala dini ya nje au taasisi ya kanisa haiwezi kuthibitisha hayo.

Hata hivyo, kichwa cha mambo cha kitabu hiki ni: Mungu ndani mwetu!

Ni nani aliye na uwezo wa kusema Mungu ndani mwetu?

Ni mtu mmoja aliyepata maarifa ya Mungu ndani mwake: Ni Gabriele, nabii na mjumbe wa Mungu kwa wakati wetu, anayeishi ndani ya Mungu na kutoa Neno Lake kwa walimwengu imepita sasa miaka arobaini na tano.

Katika kitabu hiki, Gabriele anaalika watu kutafakari, huku akitoa maelekezo na mashauri inayomwezesha kila mmoja kujipa thibitisho kwamba Mungu yupo na yumo ndani ya kila mmoja wetu.

Hakika, kila mtu anaweza kufanya mwenyewe uzoefu wa Mungu. Uzoefu huo unaleta furaha na uhakika kwamba Mungu yumo ndani ya kila mmoja wetu. Mungu yumo ndani ya kila kiumbe. Mungu yumo ndani ya kila kitu. Chimbuko la kitabu hiki ni mfululizo wa vipindi vya televisheni kuhusu mada «Roho huru-Mungu ndani mwetu» iliyokuwa ikitolewa kwa ushirika na watu wanaofuata Yesu wa Nazareti. Nakala ya awali ya vipindi hivyo ziliandikwa na Gabriele anayefundisha kutokana na hekima ya kimungu na kutokana na hazina yake halisi ambayo ni uzoefu wake binafsi. Kitabu hiki kimetokana na nakala ya vipindi hivyo ambayo iliyonukuliwa kitabuni humu.

Kama mjumbe wa Roho huru, Gabriele anawatolea ukweli wale wote wanaomtafuta Mungu.

Kitabu «Mungu ndani mwetu» kinamwelekeza msomaji kwenye njia ya uhuru na

kinamuwezesha kujitenga na imani poto-
vu, mila ngumu na taasisi zinazotushikilia.
Njia hiyo ni njia iongozayo kwa Mungu, kwa
Mungu ndani mwetu.

Toleo za Gabriele - Neno

Mungu haishi ndani ya makanisa iliyojengwa na mikono ya mwanadamu

Kwa upekee wakati huu wa sasa, mada «Mungu ndani mwetu» kwa watu wengi ni uzushi mtupu. Hakika, ukisikiliza au kusoma matukio ya ulimwengu inayoripotiwa na vyombo vya habari, utatambua kwa kiwango kipi MUNGU-na hasa ukweli kwamba Mungu yumo ndani mwetu-unazidi kutupiliwa kwenye mstari wa nyuma!

Vyombo vya habari vinaripoti majanga, mwenendo wa wanadamu, jinsi wanavyoenenda wamoja kwa wengine, uhasama wao dhidi ya wale wasio na maoni au fikra moja nao. Dunia, mazingira yote, wanyama na mimea vinaangamia kwa sababu ya ubinafsi wa waharibifu hao na sababu ya utumiaji bandia wa kivumishi «kikristu» – kinachoacha watu wadhani kwamba wale wanaotumia neno hilo wanatenda kulingana na mafundisho ya Yesu.

Kwa mjibu wa kauli nyingi, dunia inaporwa, wanyama wanateswa na kuuawa, na mazingira yanaharibiwa.Jambo moja ni kwamba, hayo yote hayana uhusiano wowote na Mungu wala na Yesu wa Nazareti.

Na tazama, mtu fulani anathubutu kusema: «Mungu yumo ndani mwetu!»

Kufikiria kwamba Mungu yumo ndani mwetu si wazo lisilo na msingi na lina umuhimu mkubwa sana kwa wale wanaoamini Yesu wa Nazareti, Kristu wa Mungu ambaye, kama wasemavyo wakristu, ni Mkombozi wa ulimwengu.

Hakika, moja ya mafundisho yake, inatupa dhamiri ya jambo hilo. Yesu alifundisha kwamba kila mmoja wetu ni hekalu la Mungu na kwamba Mungu, Wamilele anaishi ndani mwetu. Ndiyo maana, tukimwamini Yesu Kristu na kuamini mafundisho yake, ambayo ni rahisi, kufikiria kwamba Mungu yumo ndani mwetu ni sahihi.

Kwa bahati mbaya, namna ya kufikiri ya mwanadamu si nyofu. Tunaamini sana mashirika ya kidini ambayo wanamemba wao husherekea siku kuu wanazoziita za kikristu ijapokuwa Yesu wa Nzareti hakufundisha kamwe ibada wala kawaida za sala. Kinyume na hayo alisma ya kwamba kila mmoja ni hekalu la Mungu, na kwamba Mungu yumo ndani ya kila mwanadamu na ndani ya kila nafsi.

Kwa wakati huu, watu wengi sana wanafikiria kuhusu hayo yote na wengi wao zaidi sana wanajitoa kwenye mashirika ya kidini. Mara nyingi siku zote tunasikia watu wakisimulia kuhusu ufisadi wa jamii ya makasisi, kuhusu unafiki na uongo unaotawala jamii hiyo na zaidi sana vitendo vingi potovu vinavyoweza kuchukuliwa kama machukizo na vitendo vya unyama.

Tukumbuke Shauri la Yesu wa Nazareti, Kristu wa Mungu kuhusu vyeo: *«Msiombe watu wawaite Rabi yaani Bwana, kwa kuwa*

Bwana wenu ni mmoja na ninyi nyote ni ndugu.»

Shauri hilo linalenga hususan «Waheshimiwa» na «Wakuu viongozi» wote wa kanisa, inahusu pia jamii nzima ya makasisi. Kila mwanadamu ni mtenda maovu, hata pia makasisi.

Tukiamini kwamba Mungu yumo ndani mwetu, tutapenda kupata jibu la swali hili: Je, hakika tuna haja ya makanisa iliyojengwa na mikono ya watu?

Tayari kupitia Isaya, Mungu, Baba yetu wa milele, alisema: *«Aliye Juu sana haishi ndani ya majengo iliyojengwa na mikono ya mwanadamu.»*

Waumini wote wa makanisa wangepashwa kujiswali: Ni mahali ipi yanipasa kwenda kuomba?

Tukirudilia maneno haya ya Yesu: *«Wewe ni hekalu la Mungu, Mungu anaishi ndani mwako»*, yaani ndani ya kila mmoja wetu, ni kusema kwamba tulipashwa kuingia moyoni mwetu,ndani ya hekalu letu la nyama na mifupa tukiwa na dhamiri ya kina kwamba Mungu yumo ndani mwetu.

Ikiwa Mungu yumo ndani mwetu, kwa nini basi tuwe na haja ya makasisi ambao Yesu aliwaita Rabi? Isitoshe, Yesu Kristu alitufundisha kwamba Ufalme wa Mungu umo ndani mwetu. Basi, Kwa nini kwenda makanisani iliyojengwa na mikono ya mwanadamu ikiwa Ufalme wa Mungu umo ndani mwetu na Mungu yumo ndani mwetu?

Mungu ni Sheria ya Uzima, na sheria ya Uzima ni uhuru kwani Mungu ni uhuru na anaishi ndani mwetu. Basi Mungu yumo ndani mwetu.

*Kuwa «mkristu» ni
kutekeleza mafundisho ya
Yesu wa Nazareti*

Daima, Watu wengi, hawapati tena msaada wa makanisa iliyojengwa na mikono ya mwanadamu. Ndiyo sababu wengi baina yao wanajitoa kwenye makanisa wakikatizwa tamaa na mwenendo wa makasisi walio pia walimu wa kanisa. Hawajihisi tena kuwa nyumbani ndani ya makanisa hayo kwani hawakumpata Mungu makanisani humo. Wengine hukanusha wakisema: «Mungu hayupo, ikiwa yupo, yupo wapi basi?» Watu hawaamini tena viongozi wa makanisa. Wanasiasa nao hurudilia hotuba yao juu ya «maslahi ya umma» na «wajibu wao kwa jamii», Ila, ukichunguza vema, utatambua haraka sana kwamba Karibu yote hayo yanalenga faida na maslahi ya watu binafsi. Kwa mfano, wanasiasa wakijerumani wa vyama vya kisiasa wanavyovigamba kuwa vya kikristu wanaongoza nchi iliyo muuza silaha wa tatu ulimwenguni.Licha ya hayo, wanajidai kuwa wakristu!

Ijapokuwa, kuwa mkritu ni kutekeleza mafundisho ya Yesu wa Nazareti.

Basi, ikiwa Ujerumani ni nchi muuza silaha wa tatu ulimwenguni, kwa nini serikali ijiite ya kikristu? Je! Serikali hiyo inayojiita ya kikristu si kibaraka cha mashirika ya kidini? Kwa sababu kuuza silaha si jambo la ukristu hakika! Yesu Kristu alitufundisha jambo tofauti na lile: «*Aushikaye upanga ataangamia kwa upanga.*»

Na pia: «*Pendeni adui zenu. Watendeeni mema wale wanaowachukia.*»

«*Heri wapenda amani kwa maana watamiliki nchi.*»

Yesu alisema tena haya:

«*Jambo unalowatendea wadogo sana baina ya walio wangu, ni Mimi unayemtendea.*»

Mafundisho ya Yesu wa Nazareti ni mafundisho ya amani. Yesu hakuagiza kwamba tulipashwa kulipiza kisasi kwa wengine. Ila alifundisha kwamba: «*Ikiwa mtu Fulani amekupiga kwenye shavu la kulia, mgeuzie pia shavu la kushoto.*»

Kupigwa kofi shavuni na kukubali kupigwa upande mwengine si rahisi kuelewa. Sentensi hiyo yaweza kutafsiriwa je kulingana na Sheria ya Mungu? Kwani tunaweza kufikiria kwamba mtu anayejiacha atendewe hivyo anakubali chochote bila kukataa. Je! Mwenendo huo unalingana na Sheria ya Mungu?

Kuhusu jambo hilo pia, Yesu anaweza kuchukuliwa kama mfano: Alipokamatwa ili apelekwe mbele ya Pontio Pilato, askari mmoja alimpiga usoni. Yesu akamuuliza «*kwa nini unanipiga? Ikiwa nilisema vibaya, onyesha ubaya niliousema. Lakini ikiwa nimeongea vizuri, kwa nini wanipiga?*»
Yesu alikosoa tu mambo. Alitetea ukweli, ila hakulipiza kamwe kisasi. Hayo yanamaanisha

kwamba hatungepashwa kukubali dhuluma yote bila kuibaini, ila kama jinsi Yesu alivyo-tufundisha ni vema kuswali kwa nini tuna-tendewa hivyo.

Ila, turudilie mfano wa hapo mbeleni, Ujerumani, muuzaji Mkubwa wa tatu wa silaha ulimwenguni, unakubali hata hivyo kwamba silaha hizo zitumiwe kwa kuua, kwa mfano wakati wa mashambulio au vita dhidi ya nchi nyingine.

Serikali ya «kikristu» ina faida gani ikiwa haiheshimu mafundisho ya Yesu? Au serikali hiyo kwa kweli si mtumishi tu wa jamii ya makasisi wa kijerumani ambao sheria na haki zao ni mapambano ya kweli dhidi ya mwen-ziwe?

Thibitisho ya utumishi huo ni kwamba kila mwaka taasisi za kanisa za Ujerumani hu-pokea karibu bilioni kumi na nne (14) kama ruzuku toka serikali. Hali ikiendelea kuwa hivyo ni mambo machache tu sana ndiyo

yatakayobadilika, kwani farasi, ambaye ni se-
rikali hana haja ya kujitenga na mpanda farasi
wake, yaani makanisa, na hana haja pia ya
kukosoa mwenendo wao dhidi ya Mungu na
mwanaye Kristu.

Mungu yupo wapi?

 Ndiyo sababu swali hili linarudiliwa mara na mara: Je, Mungu ana mafaa gani, bila kuzungumzia Mungu ndani mwetu? Kwa sababu, ikiwa Mungu anavumilia mambo hayo yote, tungeweza kusema kwamba Hayupo. Na ikiwa Yupo, hata hivyo, kwa nini anaruhusu haya yote yatendeke? Watu wanasema kwamba Yeye ni mwenye hekima, Yupo wapi basi?

 Utafiti mwingi katika uwanja wa fizikia ya kinuklea na wa fizikia ya kantiki umewasaidia wana sayansi watambue kwamba Mungu hatengani na viumbe vyake, lakini kwamba Yupo mahali pote ndani ya viumbe vyake. Hatimaye Yupo pia ndani mwetu. Ndiyo sababu tunaweza kuthibitisha «Mungu ndani mwetu.»

 Mungu, Roho Aliye pote, ni uhuru. Kulingana na mapenzi ya Mungu, kila mwanadamu yupo huru na pia anawajibika kwa matendo yake, na kile anachofanya na kile asichokifanya.

Hata mtu akivaa joho la ukristu na ndani mwake anatia dosari maisha ya kikristu, Roho huru haingilii kati jambo lile, kwa maana kila mtu yupo huru na kwa hiyo mwenyewe ndicho chanzo cha furaha na mateso yake.

Tumepokea mafundisho kutoka kwa Mungu, Wamilele na Mwanaye Yesu, mafundisho inayoweza kutuweka huru ikiwa tunayatekeleza maishani mwetu. Tunajua Amri Kumi zilizotolewa na Mungu kupitia Musa. Yeyote anayejidai kuwa mkristu alipashwa pia kutekeleza mafundisho ya Mlimani ya Yesu wa Nazareti ambamo mna pia Amri Kumi za Mungu.

Tusisahau maneno ya Yesu mwishoni mwa mafunmdisho yake Mlimani: «*Hivyo, Kila asikiaye maneno yangu na kuyatekeleza atafananishwa na mtu mwenye busara aliyejenga nyumba yake juu ya mwamba. Mvua ikanyesha, mito ikafurika, dhoruba ikavuma na nyumba hiyo haikuanguka, kwani msingi wake ulijengwa juu ya mwamba.*

Lakini yeyote asikiaye maneno yangu bila kuyatekeleza atafananishwa na mtu mpumbavu aliyejenga nyumba yake juu ya mchanga. Mvua ilinyesha, mito ikafurika, dhoruba ikavuma na nyumba hiyo ikaanguka: nyumba ikabomoka yote.»

Watu wengi sana hujenga juu ya mchanga. Yesu alisema kwamba maji yatakapoinuka, yatabeba mchanga. Mungu Baba na Mwanaye Kristu, wametutolea vipengele tofauti vya sheria ya Mungu. Ni nani anayeyatekeleza maishani mwake? Ikiwa, licha ya ujuzi huo, tunajenga juu ya mchanga, basi hatungepashwa kumshtaki Mungu kuwa mhusika wa magumu inayotupata. Mungu anatuacha huru. Mungu hatulazimishi kwa chochote kile. Anatualika kutekeleza Amri zake ila hatulazimishi. Ndiyo maana, kila mtu anayejua Amri za Mungu na Mafundisho ya Yesu mlimani yupo huru kuzitekeleza au la, ila ni yeye pia ndiye mwajibikaji wa matendo yake.

Kila mmoja wetu ni mhusika wa uamzi wake wa kutenda kulingana na Amri za Mungu. Tunatimiza mapenzi ya Mungu au hatuyatimizi na kwa hiyo kila mmoja anawajibika. Ikiwa tunaamini Yesu wa Nazareti, hata tukiamini tu vipengele vichache vya mafundisho yake, ila hatutendi kulingana na Sheria ya Mungu, tupo wenyewe wahusika wa matendo yetu na hatuwezi kumbebesha lawama mtu mwengine. Hata tumuamini Mungu au la, Mungu yumo ndani mwetu.

Tusimulie tena kuhusu hali ya dunia, kwa upekee kuhusu ufukara mkubwa unaokumba dunia. Watoto hufa kwa njaa, watu huishi katika hali mbaya mno, ila serikali zinazojigamba kuwa za kikristu zinakubali na kuchangia kwenye ukarabati wa makanisa na makanisa makuu, na hayo inagharimu ma milioni ya ma millioni ya pesa za Yuro. Kwa jumla, ni Serikali ndiyo inayozitoa, yaani ni sisi watozwaushuru. Ijapokuwa, ma milioni hiyo yote

Ingechangia kwa kiwango kikibwa katika ku-punguza umaskini wa dunia. Kwa nini tunayo haja ya makanisa na makanisa makuu iliyoka-rabatiwa ikiwa Mungu haishi ndani ya nyum-ba zilizojengwa na mikono ya mwanadamu, ila anaishi ndani mwetu na pia ndani ya kila mtoto anayekufa kwa njaa?

Ni vema tujaribu kuwa na dhamiri na kue-lewa moyoni mwetu maana ya Mungu ndani mwetu.

Mungu ndani mwako.
Mungu ndani ya kila mmoja wetu.
Mungu mweza yote na aliye popote.
Mungu aliye popote yumo ndani ya kila mnyama, ndani ya kila jani, ndani ya ua, nda-ni ya mti mkubwa. Mungu yumo ndani ya kila jiwe.

Nguvu ya Uzima, nguvu ya Ulimwengu, yote ni Uzima ulio popote, Mungu ndani mwetu, Mungu ndani ya vitu vyote.

Mungu ni Roho huru, ndiyo sababu kila mmoja wetu ni mhusika wa maisha yake mwenyewe.

Mtu mwenye akili asiyejenga juu ya mchanga ana dhamiri kwamba yeye ni hekalu la Mungu. Atajiambia: «Ninajenga maisha yangu juu ya Roho wa Mungu na ninatekeleza hatua kwa hatua maishani mwangu Amri zake na Mafundisho ya Yesu mlimani, kwani Mungu yumo ndani mwangu.»

Tukumbuke kile Mungu alichosema kupitia nabii Isaya:

«Bwana wa Mbinguni na wa dunia haishi ndani ya nyumba zilizojengwa na mkono wa mwanadamu.»

Tukiendelea kujifunza kwa undani mada yetu: «Mungu» ndani mwetu», tutaelewa daima kauli hii kwamba Mungu yumo ndani ya kila mmoja na kwamba kila mmoja ni hekalu la Mungu; na pia Mungu, nguvu yenye uwezo wote na iliyo pote inakaa ndani mwetu. Wakati tunapotembea, Mungu yu ndani ya kila kitu kinachotuzunguuka kwani yupo mahali pote. Kwa maneno mengine, ni mawasiliano na Uzima ambao ni Mungu.

Hali ya dunia yetu inathibitisha kwamba wengi kati yetu wamesadiki na kufuata jamii ya mapadri. Kwa sababu mafundisho wanayoifundisha tangu maelfu ya miaka sasa ingelikuwa ukweli, dunia hii ungelikuwa nzuri. Hakika, hali ya dunia hii ni picha ya uovu wa mwanadamu: vita, mauwaji, njaa, mateso, magonjwa, na ukatili usio na mwisho dhidi ya wanyama. Na baadaye tunajiswali: Mungu yupo wapi?

Ukweli ni kwamba Mungu haishi ndani ya nyumba iliyojengwa na mkono wa mwanadamu, inayoitwa kanisa, hayupo kamwe pia ndani ya mafundisho ya makasisi. Watu wanaojidai kufuata mafundisho ya Yesu Kristu, kama jinsi jamii ya makasisi inavyojidai pia, walipashwa kuwa waleta amani, watu wenye dhamiri ya Mungu, walipashwa kuheshimu Ardhi na vyote vihishimo, na kuheshimu Uzima.

Mungu wa makasisi basi hayupo, ila Mungu wa kweli ndani mwako, ndani mwetu, yupo! Yumo ndani ya wanadamu wote, ndani ya viumbe vyake vyote, ndani ya kila kiumbe na ndani ya mazingira yote.

Watu wengi hujiswali daima kwa nini Mungu anaruhusu haya yote yanayotokea duniani.

Lakini Mungu afanye nini na vifusi vya dunia vilivyoachwa na ubinafi wa mwanadamu? Je! Ni lazima abomoe mabaki ya jengo hilo? Si lazima, mwanadamu mwenyewe atajihusisha na jambo hilo mwenyewe vizuri sana kwa maana sisi ndicho chanzo cha hali ya ulimwengu huu na ya dunia, wala si Mungu.

Mungu ametoa Uamzi huru, kwani Uzima, Mungu ni uhuru. Mungu hashurtishi. Halazimishi hata mmoja wa viumbe vyake kwa chochote kile. Mungu ni Uhuru. Mungu ni Roho wa Uzima. Mtu anayeharibu Uzima kwa hiari yake, ni mpinzani wa Mungu na anajiweka juu ya Roho mweza yote, Mungu.

Yeyote anayefikiria kwa hali huru ni mchambuzi mzuri

Uhuru tuliopewa na Mungu unatuwezesha kutafakari kwa uhuru.

Maswali kadhaa kwa wachambuzi wazuri na vile vile kwa watu wasiosadiki:

Je! wewe ni kondoo, mtu anayekubali chochote kile anachoambiwa? Wewe ni mtu anayeamini kile ambacho watu wengine wanachomuambia, kuhusu Mungu kwa mfano? Je! Wewe ni mfuasi aliye na haja ya makanisa yaliyojengwa na mkono wa mwanadamu, haja ya mila, maungamo na tena makuhani wa sheria ya dini?

Au wewe ni mtu huru aliyejifunza kufikiria mwenyewe na kutokuamini kitu chochote wanachomuambia, kwa mfano ahadi kwamba Mungu yupo mahali hapa au pale, au tena kwamba machafuko yanayokumba ulimwengu huu ni «siri» ya Mungu?

Kwanini mashirika, hata pia watu wengine huzungumzia mara na mara kuhusu «siri» za Mungu?

Tujiswali swali hili: Je! Mungu ni Mkamilifu? Je! Yeye ni Roho kamili? Ikiwa yupo Roho kamili, Roho wa uumbaji, Roho wa uhuru, Roho isiyo na mwisho, kwa lengo gani basi anaweza kuwa na siri? Je! Ana kitu cha kutuficha? Ikiwa hivyo, kwa upande mmoja, Wamilele hangekuwa huru,kwa upande mwingine angekuwa pia kama mtenda maovu kwani ni mtenda maovu tu ndiye ana kitu cha kuficha. Mtenda maovu tu ndiye ana siri, bali Mungu, Yeye hana siri.

Ni nani aliyebuni wazo hili la siri ya Mungu? Na ni nani anayetaka kuitia akilini mwetu? Hakika si Yesu wa Nazareti, kwa sababu, hakuna kifungu cha Biblia ambamo, Yesu anazungumzia kuhusu siri za Mungu. Siri ni ubunifu wa makasisi ambao wamegeuza na kutia giza mafundisho ya Yesu wa Nazareti, na baadaye wakafundisha waumini wao uongo wote.

Utokanao na ubunifu huo na kuuorodhesha katika kipengele cha «siri» ya Mungu.

Mtu anayefuata mafundisho ya Yesu wa Nazareti anatoa ushuhuda wa uzoefu wake

«Niliacha kuamini makasisi nilipotambua kwamba Mungu yu ndani mwangu. Nilijifunza kuelekeza maombi yangu upande wa Mungu ndani mwangu na nikajifunza kutimiza hatua kwa hatua maishani mwangu maneno ya sala zangu, na hatimaye nilijifunza kujiswali kwamba fikra, maneno na matendo yangu yanalingana na mafundisho ya Yesu wa Nazareti. Kama sivyo, ninajitahidi kurekebisha hatua kwa hatua hali hizo za kiutu, dhambi hizo kwa uwezo wa nguvu za kiroho. Hayo, yananifanya niwe huru sana, mwenye raha na mwenye amani rohoni kila wakati.

Ninaweza kwenda kuomba ndani ya mazingira, na kugundua mara na mara kwamba vitu ninavyoviona, ninavihisi ndani mwangu kwa sababu Mungu, Roho huru, Muumba mwenye nguvu, yumo ndani ya vitu vyote.

Baadaye, tunajifunza kuwasiliana na nguvu za mazingira, nguvu zilimo ndani ya wanyama, na hasa na nguvu za Asiye na mwisho. Kwani Mungu ndiye Roho wa Asiye na mwisho.

Ninaweza kusema kwamba ninazidi kuwa huru. Ninaweza kuomba kwa uhuru; Tayari nimetambuka hatua ya kuamini Mungu wa upendo, wa umoja, wa amani na wa uhuru. Ninafanya uzoefu wa mambo hayo ndani mwangu katika sala ya kina.»

Maana ya jamii ni nini?

Kutokana na asili yetu ya ndani, sisi ni viumbe vilivyoumbwa kwa kuishi maisha ya jamii. Mtu hangepashwa kuishi peke yake, kwani imeandikwa, *«Si vema mtu awe peke yake»*. Lakini hayo haimaanishi kwamba tunapashwa kushikamana na mtu fulani. Yule anayejitahidi kupata Mungu ndani mwake anaipa thamani kubwa maisha ya jamii inayo pia uaminifu ndani mwake.

Maana ya jamii ni ipi?

Watu wanaotaka kujenga jamii ya kweli inayojaa Uzima wanapashwa kuwa na uhusiano wa ndani na Mungu. Ni kutokana na imani hai ya kila mmoja ndiyo urafiki wa kina unaweza kukua, uelewano mzuri halisi.

Uelewano mzuri halisi pia unakua wakati tunaeleweshana waziwazi kitu kisichoendeka. Tukitambua mabaya na kuyarekebisha, urafiki halisi na wa dhati utajengwa, kwa sababu tunadumisha haki isiyoiachia nafasi dharau ya jirani.

Kumpata Mungu na kukuza maisha ya kijamii halisi na ya kina, urafiki wa ndani, uelewano mzuri wa kweli ulio wazi na wa dhati, kunahitaji kwanza kujitambua mwenyewe kwa kutekeleza mafundisho ya Yesu Kristo. Alisema haya: *«Mimi ndiye njia, ukweli na uzima. Hakuna mtu awezaye kwenda kwa Baba bila kupitia Kwangu.»*

Kuipa thamani na kutekeleza kila siku maneno ya Yesu Kristo, kunatuwezesha kutambua kwamba mwanadamu hastahili kuishi peke yake bali kuishi katika jamii.

Katika Ufalme wa Mungu – ambamo sisi sote tulitoka, na ulio ndani ya nafsi yetu – hakuna mtu aliye peke yake, hakuna anayeishi peke yake. Kulingana na kanuni ya umoja, kuna familia kubwa ambazo kiini chao ni Mungu

Baba aliye Mama na Baba kwa kila kiumbe cha kimungu. Tunaelewa basi kwamba katika Ufalme wa Mungu pia, maisha ya kijamii ni jambo dhahiri.

Hapa duniani tunazungumzia maisha ya kijamii. Katika Ufalme wa Mungu wanazungumzia juu ya familia kubwa ambazo wanamemba wake wanapenywa na kubebwa kwa namna moja na nuru ya Mungu, nguvu ya ulimwengu. Tunatambua mara tena hapa umoja, usawa, uhuru na undugu. Kila mtu ameelekezwa upande wa nuru kuu ambayo ni Mungu.

Yeyote anayeahidi mwenziwe kitu fulani lazima akithibitishe, hasa inapohusu Sheria za Kimungu. Watu wengi, kwa upekee makasisi, wanaamini kwamba wanaweza kuthibitisha uwepo wa Mungu. Lakini hakuna mtu awezaye kumthibitishia mwingine uwepo wa Mungu.

Lazima kila mtu ampate Mungu mwenyewe. Na tunaweza kumpata wapi? Ni ndani sana ya kila mmoja. Mtu aliyejitoa kwa Mungu anaweza kushuhudia na kueleza, kutokana na uzoefu wake, jinsi alivyomkaribia Mungu ndani mwake, lakini hawezi kumthibitishia jirani yake jambo hilo.

Ni wazi kwangu kwamba Mungu hayupo hapa au pale, Mungu ni Uzima, nguvu ndani yetu ndani ya kila mmoja wetu.

Nilijifunza mapema kutotegemea watu, hata ikiwa wananiahidi mengi na wanataka kunipeleka hapa na pale kumpata Mungu. Nina dhamiri kwamba lazima nimpate mwenyewe, kwa sababu Mungu yumo ndani mwangu. Nikifuata njia inayoongoza kwa Mungu ndani mwangu, basi ninajielewa mwenyewe, ninaelewa utu wangu wa ndani na ule wa jirani yangu ambaye kwangu ni ndugu na dada anayeelekea pia upande wa Mungu ndani mwake. Hii ndiyo njia ya kweli, «Mungu ndani mwetu», anayeunganisha, anayewezesha watu wajitambue wamoja kama vile wengine. Chochote kinachotufanya tuamini kwamba tunaweza kumpata Mungu hapa au pale ni udanganyifu mtupu.

Hayo yana maana kwamba hata kama mtu amempata Mungu ndani mwake, hawezi kuwathibitishia wengine uwepo wa Mungu. Kuishi ukiwa kigezo cha mwenendo bora kunaweza kutoa dalili, ila hakika sio ushahidi wa kuwepo kwa Mungu.

Kwa hiyo, maneno ya Ukweli hayamfungi kamwe mtu yeyote, kwa sababu yana mafundisho ya Yesu Kristo. Alitutolea ahadi ambayo tunaweza kutegemea. Alisema, «*Mimi ndiye njia, ukweli na uzima.*» Na Kristo ni mmoja na Mungu, Baba yake na Baba yetu pia.

Kwa hiyo tunapashwa kutegemea kumpata Mungu ndani mwetu, kila mmoja binafsi. Tukifanya hivyo, basi tutaongozwa kwa watu wengine ambao pia wanafuata njia hii. Kila mmoja anafuata njia hii peke yake. Kwa nini?

Kwa sababu kila mtu anakabiliana na vikwazo vyake ili aviondoe. Kila mtu, tofauti na mwengine, ana makosa na dhambi zake mwenyewe, na anazirekebisha hatua kwa hatua kwa uwezo wa Mungu ndani mwake.Hivyo anajiweka huru toka machafuko aliyobuni mwenyewe na kufikia utaratibu wa Mungu, kwa Sheria yake ya Uzima. Mafundisho ya Yesu hutupa vigezo, mwelekeo unaoturuhusu kuingia kwenye jamii, katika Roho wa Mungu, kwa urafiki wa kweli na wa dhati na wale wanaofanya mapenzi ya Mungu aliye ndani mwetu.

Tunaishi katika bahari kuu ambayo ni MUNGU

Katika ufunuo mkuu wa Kristo unaoitwa «Hili ni Neno Langu. Ufunuo wa Kristo unaojulikana na Wakristo wa kweli ulimwenguni kote», tunaweza kusoma kwamba kwa wakati wake, Yesu wa Nazareti pia alibidi kuwajibu watu wa wakati wake ambao waliswali maswali juu ya Mungu. Kuhusu hayo, tunaweza soma yafuatayo:

Kisha watu wengine wenye mashaka walimwendea Yesu wakisema: «Ulituambia kwamba maisha yetu na uwepo wetu vinatoka kwa Mungu, lakini hatujawahi kumwona Mungu na hatujui hata Mungu mmoja. Je! Unaweza kutuonyesha Yule unayemwita Baba na Mungu Mmoja? Hatujui ikiwa Mungu yupo.»

Yesu akawajibu, «Sikilizeni mfano huu wa samaki. Samaki wa jito walikuwa wakizungumza kati yao wakisema: Tunaambiwa kwamba maisha na kuwepo kwetu vinatokana na maji. Lakini hatujawahi kuona kamwe maji. Hatujui maji ni nini. Basi wengi wao wenye busara kupita wengine wakasema: "Tumesikia kwamba baharini humu mnaishi samaki mwenye busara nyingi na anayejua mambo yote. Hebu, twende tukamuone na tumuombe atuonyeshe maji."

Hivyo wamoja wao wakasafiri kumtafuta samaki mkubwa mwenye hekima na wakafika baharini ambapo samaki huyo alikua akiishi na wakamuuliza.

Na baada ya kuwasikiliza akawaambia: "Enyi samaki wajinga, wasiofikiri! Ila nyinyi ni wenye busara, kwani mpo wachache wanaotafuta ukweli. Mnaishi na kutembea majini ambamo mna uzima wenu. Mmetoka majini na mtarudi ndani ya maji. Mnaishi majini bila kuyatambua." Hivyo hivyo mnaishi ndani ya Mungu na japo mnanisihi: "Tuonyeshe Mungu." Mungu yumo ndani ya vyote na vyote vimo ndani mwake.»

Maswali machache:
Tunafikiri vipi?
Tunamtafutia Mungu wapi?
Je Mungu si Uzima ndani ya kila mmoja na ndani ya kila kitu?

Tunaishi ndani ya mto wa Uzima unaojumuisha madini, mazingira, wanyama na wanadamu, japo kila mara sisi hatufahamu mahali alipo Muumba wetu, Muumba wa Mbingu na Dunia, Muumba wa mazingira, wa wanyama, Mungu yumo ndani ya vyote.

Ikiwa hatutafuti tena na tukitambua kwamba vyote ni umoja mkuu ambaye ni Mungu, tutakuwa basi tumepiga hatua ya msingi.

Ni vema tuchunge akilini ukweli kwamba mto wa Uzima ni Mungu.

Tujizoeze kuelewa kwa kina kwamba Mungu yumo ndani ya Kile kisicho na mwisho. Mungu yumo ndano ya Mbingu. Mungu yupo Duniani. Mungu yumo ndani ya madini, ndani ya mazingira, ndani ya kila jani, Mungu yumo ndani ya mnyama aidha ndani mwetu. Tukijihisi siku zote wenye kuguswa moyoni na fikra hizo za uwepo wa Mungu pote, tunahisi basi moja kwa moja kwamba hatutengani na bahari kuu ya Uzima. Tunatambua hatimaye kwamba, kama inavyosimuliwa katika lugha ya picha, tunaishi ndani ya maji ya Uzima, kwamba tumo kidhamiri ndani ya maji ya Maisha, ndani ya bahari kubwa ambayo ni Mungu. Tukizama ndani ya bahari Mungu, ndani ya maji ya Uzima, kwa kutenda siku zote mapenzi ya Mungu, yaani kwa kuheshimu amri zake na kutimiza mafundisho ya Yesu, tunadumisha basi tabia ya maisha ya kikundi isemayo kwamba asili ya mwanadamu ni kuunga watu wanaoishi ndani ya Mungu katika nia moja ya kiroho.

Muda ambapo mtu anajihisi mwenye kuunganaa na mto wa Uzima, anajihisi hatua kwa hatua kwamba haishi tena katika hali ya upweke. Ndani ya jamii ya watu wanaohisi kwamba Mungu yumo ndani mwetu, tukifuata njia tuliyoendelea kuelekezwa na Yesu na Aliyotaka kutuletea, tutaelewa basi maneno haya ya Kristo: *«Mimi ni njia, ukweli na uzima.»*

Tukifuata taratibu mafundisho yake, tutaelekezwa hivyo kwa watu wengine wanaoafikiana na namna yetu ya kufikiri na ya kuishi. Hayo yanatokeza dhamiri halisi ya maisha ya kijamii, maana ya kina ya maisha ya kijamii ambamo watu hawashikiliwi wamoja na wengine, bali jamii ambamo wote wanaungana na Mungu ndani mwao.

Tunapohakikisha kwamba Mungu yumo ndani mwetu, inawezekana wamoja waseme: «Tukitazama visa vinavyijitokeza ndani ya jamii ya leo, hakikisho hiyo ni ujanja mtupu!» Japo, kufuatana na ukweli, imeandikwa ndani ya biblia nyingi: «Aliye juu sana hakai katika nyumba zilizojengwa na mikono ya watu.» Sentensi hiyo inasabababisha swali hili: Ikiwa

Mungu Haishi ndani ya makanisa iliyojengwa na mikono ya watu, ni wapi anapoishi basi?

Watu wengi wanadhani kwamba wana nafsi. Tunaweza kuanza kutafakari na kujiswali kama hayo ni kweli au la. Lakini tuanze kukubali kwamba tunatiwa uhai na mwili wenye maada mepesi usio wa dunia hii na kwamba ndani ya nafsi yetu, ndani ya mwili huo wa maada laini, mna Uzima, pumzi, ambayo ni Mungu, tunayemtambua kupitia kupumua kwetu.

Si vema tufikiri kwamba mwanadamu ni mwili tu au ganda la kidunia ambalo litaaga dunia siku moja na kukosa uwezo wa kuvuta pumzi tena.

Uzima ni umilele na tunaita umilele «Mungu» au «Wamilele» au tena «Uzima wa milele» au «Maisha ya milele».

Tufikirie mazingira. Majira ya machipuko huleta nuru sana, jua kali. Sehemu ya Dunia iliyogeukia upande wa jua hujaa Uzima tena. Mazingira hujivika upya tena rangi ya kijani na maua huchanua.

Ni vipi kwetu sisi? Tukigeukia upande wa nuru, Mungu ndani mwetu, nafsi yetu hujaa nuru, tunaishi kwa dhamiri, tunageuka watu huru na wenye raha sana. Tunageuka wakweli, watu walio wazi, wanyofu waadilifu kwa wenzetu, kwa sababu tunajitambua wenyewe ndani ya Mungu, Aliye Uzima na kwamba tupo waaminifu kwetu sisi wenyewe.

Mtu aliye mwaminifu kwa yeye mwenyewe ndiye pia aliye mwaminifu kwa wengine. Hayo yana maana kwamba hadanganyi mwenziwe. Hamuambii mambo ya uongo. Anasema ukweli, hata kama ukweli huo hauridhishi yule anayeusikia. Rafiki wa kweli, ambaye mwenyewe husema ukweli huthamini ukweli na hutoa katika ukweli elekezo inayomwezesha kusonga mbele na kukaribia ukweli ulio pote.

Turudilie mada yetu: Mungu ndani mwetu, Mungu ndani mwenu, Mungu ndani mwangu. Kila mmoja wetu ni hekalu la Mungu. Mungu anakaa ndani mwetu. Uzima usiokufa, pumzi ya Mungu, himo ndani ya nafsi yetu. Uzima unatiririka toka nafsi yetu. Uzima unatiririka ndani ya seli za mwili wetu. Uzima humo ndani ya kupumua kwetu. Moyo wetu unapiga kwa sababu unapokea Uzima kupitia Uzima wa ulimwenguni pote, Ambaye ni Mungu

Jaribuni mkitaka. Tunaweza siku zote, na wakati wote kujifunza kumkaribia Mungu, Uzima ndani mwetu, na tunaweza kujizoeza kuhisi Uzima, ambaye ni Mungu anayetuzingira ndani ya vyote vinavyoishi. Hivyo tunapata maarifa ya Mungu. Tunamhisi na hatutegemei tena watu wanaodai kututhibitishia uwepo wa Mungu.

Mungu ni uhuru

Yule anayefikia kusadiki ndani mwake kwamba Mungu, Roho wa ulimwenguni pote, yumo ndani ya kila mmoja na ndani ya kila kitu, hana tena haja ya dini za nje, hana tena haja ya makanisa iliyojengwa kwa mikono ya watu, hana haja ya makasisi, ya wachungaji, haja ya sherehe na masharti ya kidini. Anajitoa kwa Roho huru, Kristo ndani mwetu, ndani ya kila mwanadamu, ndani ya kila nafsi. Baada ya kujiweka huru toka dini za nje, nafsi na mwili vinaanza kupumua vema kwa kina na furaha maalum ya kupata uhuru vinatia uhai na kuchangamsha Uzima wetu. Ni Mungu ndani mwetu, Mungu ndani mwako, Mungu ndani ya kila mmoja nwetu.

Kila mmoja wetu ni hekalu la Mungu na Mungu anakaa ndani mwetu. Je, Pumzi ni uzima usiokufa, Mungu, Mungu ndani mwetu? Uzima wa Mungu humo vilevile ndani ya nafsi yetu? Hakika, Uzima wa Mungu unatirika kupitia nafsi yetu. Unatiririka ndani ya seli za mwili wetu. Na tunapumua Uzima. Moyo wetu unapiga kwani unapokea Uzima, nguvu inayong'aa ya uzima ulio pote, Mungu. Ni nini inayojiri wakati wa kifo, wakati tunapokata roho? Uzima unatoka mwilini mwetu. Je Uzima unageuka kitu kipi? Je unapotea au unaendelea kuwepo? Uzima unaendelea,kwani muda huo huo wa kufa mwanadamu hutoa pumzi ya mwisho nafsi nayo huivuta.

Kwa baadhi ya makasisi na wachungaji, hakikisho «Mungu ndani mwetu» ni dhana tupu, kwani vigezo vyao ni makanisa ya nje na kawaida za kanisa.

Japo, Yesu wa Nazareti hakuagiza desturi za kieklezia. Hakufundisha kamwe kwamba kwa kumpata Mungu tunapashwa kwenda katika majengo iliyojengwa kwa mikono ya watu. Mafundisho ya Yesu ni tofauti na hayo. Tunanukuu hapa agizo ya Yesu kwa maka-sisi, na hayo yanabaki sahihi nyakati zote:

«*Msiwalazimishe watu wawaite Rabbi, kwani mmoja ndiye Bwana wenu.*»

Kwa hiyo tunaweza kujiswali, Bwana yupo wapi? Bwana, ni Kristo, ufufuo na Uzima ndani mwetu. Kristo wa Mungu ni Kristo wa Mungu ndani mwetu. Yumo ndani ya Mungu amri ya upendo na ya uhuru.

Basi upo huru kusadiki au la, upo huru kujiweka mfungwa au kuwa mtu huru. Hayo ni sahihi kwa watu wote. Upo huru kwenda katika makanisa ya nje na kukubali desturi za kieklezia. Ila upo pia huru kuwa na dhamiri kwamba Mungu hajui desturi, kwamba Mungu haishi ndani ya majumba iliyojengwa na mikono ya watu. Ukweli ni kwamba Yumo ndani mwetu. Kila mmoja wetu ni mwenyewe hekalu la Mungu. Ujuzi wa jambo hilo unatuwezesha kuhisi siku zote kwa kina kwamba Mungu yupo mahali pote.

Hakuna mtu ambaye angepashwa kumfanya mwenziwe asadiki kuwa anaweza kuthibitisha kile anachosema wakati ambapo hayo haiwe-zikani,hussusan kuhusu «Mungu ndani mwe-tu».

Hakuna ambaye angepashwa kumshikilia mwenziwe kwenye desturi na sala za maka-nisa, wala pia kwenye muziki wa kinanda, nyimbo wala tena ibada na sherehe.

Jaribuni kuelewa kwamba hayo yote haya-husiani na Mungu. Mungu anabaki ndani mwenu, Mungu yumo ndani ya kila mmoja wetu.

Wanadamu hutaka kupata thibitisho siku zote. Inawezekana wasomaji wamoja wajiswa-li kwamba tunahakikisha kwamba Mungu yumo ndani mwetu, kwamba yumo ndani ya kila kitu, kwamba yupo mahali pote, ila hayo ni kweli? Je wanaweza kuthibitisha kile wanachokisema? Jibu letu ni rahisi: Jaribuni! Mungu yumo ndani mwenu na mnaweza kum-pata.

Watu wengi wamekwisha kutambua hayo katika sala: Mungu ndani mwetu. Yule anayedumu katika nia yake ya kina ya kumpata Mungu ndani mwake kupitia utekelezaji hatua kwa hatua wa amri za Mungu na mafundisho ya Yesu wa Nazareti, huhisi hatua kwa hatua Mungu ndani mwake, Mungu aliye ndani mwetu sote.

Kuwa karibu na Mungu kunaleta raha. Mtu hutambua haraka kwamba anaweza kuishi maisha ya thamani tu na watu wanaofuata njia moja ya kiroho kama yake, «Mungu ndani mwetu». Kutokana na kufuata njia hiyo, Maisha ya kikundi, maisha ya pamoja, urafiki asilia, halisi, wa kweli na wa kina, unakua na kuendelea tu muda ambapo tunahisi kwamba Mungu yumo ndani mwetu, yumo ndani ya jirani wetu, kwamba Mungu yupo upande wetu nasi upande Wake.

Kuishi hakika, ni kuishi ndani ya Mungu

Yesu wa Nazareti alifundisha watu kuingia ndani ya chumba chenye ukimya kwa kum-geukia Mungu katika kimya. Hakutuambia kamwe tuende kwenye makanisa ya nje.

Ni vipi mtu anaweza kushika shauri hiyo? Kwa mfano, makaoni kwangu nilitenga nafa-si ndogo pa kuombea, nikaweka mahali hapo meza ndogo, kiti na mshumaa. Jinsi muda unavyopita, kubaki mahali hapo faraghani ku-kawa kwangu haja ya moyo. Ninaenda hapo kuomba au tena kusikiliza muziki kwa ajili ya kuleta kimya ndani mwangu na hatimaye kwa lengo la kumtolea Mungu ndani mwangu sala imara na za kina.

Jaribu nawe pia kutenga nyumbani kwako nafasi hiyo ndogo pa kuombea. Fanya kiasi kwamba, kupitia muziki na sala, nafasi hiyo ikuvutie hakika, uwe na dhamiri sana kwamba Mungu, Baba yetu wa mbinguni, anakupenda, kwamba Anatupenda sote. Anahitaji turudi karibu Naye, kwani ndani ya nafsi yetu, sisi sote ni wana na binti zake, wana wa Ufalme wa Mungu. Ufalme wa Mungu ndiyo nchi yetu halisi, isiyobadilika milele.

Yesu alitufundisha kwamba Ufalme wa Mungu umo ndani mwetu. Au tena, Ufalme wa Mungu ni Sheria ya Uzima, ni Mungu, Kwa hiyo Mungu Yumo ndani mwetu.

Kila mmoja yupo huru kusadiki au la kwamba mwanadamu ni mpitaji Duniani na kwamba ana umilele ndani mwake. Nafsi yetu ilivaa kwa muda mwili wa kibinadamu kwa ajili ya kuishi duniani humu. Muda wa kifo cha mwili, nafsi huendelea na safari yake kwenye sayari za akhera, Na inaendelea na njia hiyo hadi itakapompata Muumba wake, Mungu, Babaye, ndani mwake. Hivyo itaungana Naye, kama vile jinsi Yesu alivyosema: «*Baba na Mimi ni mmoja.*»

Maneno hayo ya Yesu Kristo ni mema: «*Babangu na Mimi ni mmoja.*» Hilo ndilo lengo la kufikia kwa kila mmoja wetu. Tumetoka kwa Mungu. Tupo ndani ya Mungu na tutafuata tena njia ielekeayo Kwake ndani mwetu, kwa ajili ya kuungana na jito lenye nguvu, bahari isiyokadiriwa ya Uzima ulio pote, Mungu ndani mwetu. Tukigeuka upya tena watu safi, tunaweza kusema nasi pia: Babangu nami ni mmoja.

Mtazamo huo unaweza kutuhimiza. Ni umoja wa ndani katika Mungu, Baba yetu wa milele, ndio unaotuunga kama ndugu na dada walio wanamemba wa Ufalme wa Mungu. Nchi ya milele tu ndani ya Mungu, Baba yetu, ndio inayotuunga.

Turudilie tena «maisha ya kijamii». Jamii, iliyo maelewano, na jirani yetu ambaye, kama sisi, ni mwana au binti wa Yule asiye na mwisho, inatuunga na Mungu, Baba yetu, na nchi yetu ya milele. Muungano huo ndilo lengo la njia yetu. Huo ndio Uzima! Maisha halisi ni kuishi ndani ya Mungu. Na maisha inayotekeleza mapenzi ya Mungu ni ukweli, Na ukweli, hatimaye ni Ufalme wa Mungu.

Tunatumaini na kutaka nanyi pia mtambue kwamba hakuna hata shirika fulani la nje linaloweza kuwafikisha kwa Mungu. Kuna watu wengi waliojumuika katika mashirika ya nje, ila tukitegemea miungano hiyo ya nje, tutafikia sharti kujiswali: Je! kuna rafiki halisi, rafiki mkweli ambaye, kwa muda mrefu, ana nguvu na nuru ya kiroho inayohitajika kwa kumsaidia kila mmoja katika uhusiano wa jamii ya kiroho?

Siku moja au nyingine, kila mmoja atapashwa kujitambua mwenyewe. Ndiyo maana tunaswali maswali haya yanayohimiza kila mtu kujitambua mwenyewe: Je! wewe ni nani hakika? Sisi ni nani kwa kweli?

Hakika wote wanaotaka kujijua wanafikia kujitambua. Na wote wanaohitaji kujitambua watabaini maana ya maneno haya:

Mungu yupo siku zote.

Yeye ni Yule Asiye na mwisho.

Yupo ulimwenguni pote.

Yumo ndani ya mazingira ndani ya kila mnyama, ndani ya kila mmea, ndani ya kila jiwe.

Yumo ndani ya vitu asilia.

Yumo ndani ya mwanadamu.

Mungu Yupo mahali pote.

Kwa mjibu wa kauli hizo, Mungu yumo ndani ya kila nafsi, na hivyo pia ndani mwako. Mungu yupo kando yako. Mungu yupo kando ya kila mmoja wetu.

Ikiwa maneno haya yamekuletea Hamu ya kumhisi Mungu ndani mwako, unaweza na tunaweza sote kukuza ukaribu huo na Mungu. Tukizoea kuingia kusali ndani ya chumba kidogo chenye ukimya – hata kama ni nafasi ndogo tu yenye ukimya – itatuvutia kila mara.

Tusiingie na fikra mbovu za utu wetu ndani ya nafasi hiyo tuliyokarabati kwa ajili ya kuomba moyoni na ni vema kuingia humo mara tu tunapohitaji kusikiliza muziki mwororo na kuomba. Na wakati tunapoomba, tuelekeze sala zetu ndani mwetu, nafsini mwetu, kwani sisi wenyewe ni hekalu la Mungu, na Mungu hukaa ndani mwetu.

Nia yetu, kama watu wanaomfuata Yesu wa Nazareti, ni kutoa ushuhuda kwa niaba ya Mungu, si kwa ajili yetu sisi wenyewe, wala tena kwa ajili ya shirika la kidini, bali tu kwa niaba ya Mungu. Ni Yeye ndiye tunapendelea kumjulisha kwa wenzetu.

Tumempata Mungu, Uzima ndani ya nafsi yetu na tunajua kwamba Anatupenda sote, kwani ni kama vile Baba wa milele ndiyo Alitutazama na kutuumba moyoni Mwake. Yule ambaye, ndani ya sala ya moyoni anatafuta mawasiliano Naye atamhisi sana. Tunaweza kuzungumzia jambo hilo ila hatuwezi kulithibitisha.

Tunafahamu bila thibitisho kwamba: Mnaishi milele, tunaishi sote milele, kwa kuwa

Mungu ni wa milele. Mungu, Baba yetu wa mbinguni, alituumba kama viumbe safi vya maada isiyogusika. Siku moja mwili wetu utakufa. Ila mwito wa Mungu unachunga umuhimu wake, mwito huo tunaoutambua katika maneno ya Kristo wa Mungu: *«Kujeni nyote kwangu, nyinyi mliochoka na wenye mizigo. Nitawapumzisha.»*

Tuende wapi kwa sababu Roho wa Mungu, Kristo wa Mungu, yumo nafsini mwetu? Tuende Kwake, yeye anayeishi ndani mwetu.

Vipi kumkaribia Mungu?

Watu wengi wanajiswali waende wapi na vipi wampate Roho wa Mungu, Kristo wa Mungu, ikiwa Yumo nafsini mwetu?

Kristo wa Mungu, katika Yesu wa Nazareti, alituelekeza kwenye njia ya ndani mwetu, ndani ya nafsi yetu. Ni mawasiliano ya moyoni inayowezesha kila mmoja kujenga uhusiano ulio hai na Roho wa milele ndani mwake yeye mwenyewe.

Ikiwa unahitaji kupata ujuzi kuhusu Mungu, basi yazingatie ndani mwako maneno haya ya Yesu wa Nazareti: «*Lakini wewe, wakati unapoomba, ingia katika chumba chako cha ndani, funga mlango na Muombe Baba yako aliye faraghani na Baba yako aonaye katika siri atakujibu.*»

Yesu alisimulia kuhusu chumba cha ndani, tunakiita pia «chumba kidogo chenye ukimya».

Tumeshauriwa kwenda ndani ya chumba kidogo chenye ukimya – au sehemu ya kusalia chumbani – kwa ajili ya kuomba moyoni, kutafakari, kupanga vema fikra na kwa hiyo kufikia ukimya halisi. Kwa namna hiyo, tunafikia kujitenga na fikra zetu za kiutu. Ni hatimaye hatua kuelekea kwenye fikra safi.

Nenda faraghani mahali palipo ukimya kwa ajili ya kutafakari kuhusu maneno haya:

Mungu Yupo siku zote.

Mungu yumo ndani ya mazingira. Mungu yumo ndani ya kila mnyama na kila mmea, ndani ya kila jiwe, ndani ya kila mti mukubwa.

Mungu yumo nafsini mwako.

Mungu yupo nawe na yupo kando yako.

Mungu yupo juu yako, ndani ya nyota kubwa. Roho anayetenda kazi ndani ya kila kitu, ambaye katika nchi za Magharibi ya kikristu tunamwita Mungu, yupo mahali pote. Hiyo ni hatua ya kwanza kuwa na dhamiri kwamba Mungu yupo siku zote.

Hatua ya pili ni kutambua kwamba: Ikiwa Mungu yupo siku zote ndani ya mazingira yote, ndani ya kila mnyama, ni sahihi kwamba awe pia ndani mwetu, ndani ya nafsi yetu.

Ikiwa haiwezekani kutumia chumba kimya cha sala, fikiria tena Yesu wa Nazareti aliyefundisha kwamba kila mwanadamu ni hekalu la Mungu na kwamba Roho asiye na mwisho, tunayemwita Mungu, hukaa ndani ya mwanadamu, ndani ya kila nafsi.

Je! Tunataka ukweli huo utufalie nini? Je tunataka kuupuuza au kujipa fursa ya kuufikiria? Hata kama tunafikiria tu kidogo jambo hilo, hatua kwa hatua tutapata fikra nzito na kufikiri muda mrefu, na siku moja, kwa gafla, tutahisi kwamba nia fulani inajitokeza ndani mwetu, tamaa ya kuomba.

Ukitaka, Washa mshumaa, Keti ukinyooka na Sali ndani mwako, ndani ya nafsi yako. Ukiwa na wasiwasi na ukikosa ukimya, sikiliza muziki mwororo. Muziki mwororo unatusaidia kusahau fikra za mchana na kututajarisha kuomba kwa kina moyoni.

Baada ya muda fulani, utatambua kwamba katika dakika hizo za sala, umeingia ndani ya ulimwengu wako binafsi wa kiroho na kwamba unahisi mambo kwa namna mpya. Kwa namna hiyo, unajifunza kujitambua mwenyewe. Haraka, utahisi kwamba haupo peke yako, utahisi kwamba Roho mkuu mwenye nguvu, Nguvu za Asiye na mwisho, inakaa ndani mwako. Inakuletea msaada na nguvu si katika sala tu, hata pia nguvu ya kukabili matukio ya mchana kwa msaada wa Roho Yake.

Kama sisi sote, siku moja au nyingine utajiswali: Nifanye jambo lipi la ziada kwa kumkaribia Mungu, kwa kurekebisha utu wangu na namna yangu ya kuishi? Wakati nia hiyo itakapojidokeza moyoni mwako, utakumbuka maelekezo ya maisha yetu iliyotolewa na ulimwengu wa kimungu.Mungu, Baba yetu wa milele, alitutolea Amri kumi kupitia Musa na pia Mafundisho ya mlimani kupitia Yesu, ambazo ni zawadi halisi za Mungu.

Mara na mara tunasikia kwamba ni vema kuwa na fikra nzuri na baadhi ya watu hujiswali ni nini fikra chanya.

Kwa mfano naweza kujihakikishia mwenyewe kwamba «Mwanadamu ni mwema!» au «Ninafurahia kuwepo kwangu ndani ya mazingira na ninafurahishwa na nyimbo za ndege.» au tena «Ninahakikisha kwamba kazi yangu inaendelea vema na kwamba nina uhusiano mzuri na wafanya kazi wenzangu.»

Je! hakikisho hizo zote ni fikra Nzuri? Au tena kuna mambo mengine inayostahili kupewa thamani badala ya hakikisho ya nje?

Shauri linalomwezesha kila mmoja kujisaidia mwenyewe ni kuchanganua mambo yaliyomo ndani ya fikra, maneno na matendo tunayochukua kuwa chanya na kujiswali hakika kwamba hayastahili lawama au tafauti na hayo ndani ya fikra na mienendo inayojionyesha kuwa Nzuri hamjifichi hisi na mawazo mabaya? Kwa mfano, pamoja na kujidhani wema, inawezekana, kwa siri tunamdharau bado jirani yetu au tena tunamtumikisha kwa manufaa yetu sisi wenyewe.

Kwa mfano, kupitia masemi na mwenendo wangu kwa jirani ninalenga anifanyie kile ambacho mimi mwenyewe bado sijafahamu kukifanya. Kwa hiyo, nitasimulia maneno matamu kumhusu na kumbembeleza ili afikie kutenda sehemu ya kazi yangu. Je tunaweza kusema kwamba hali hiyo ni chanya? Kwa nje, hali hiyo ni nzuri, lakini mambo inayounda mwenendo wetu, kile tunachojaribu kuwaficha wengine ni kitu cha aina tofauti.

Wafuasi wa nyayo za Mnazareti wamejifunza kurekebisha na kuchanganua fikra, maneno na hali yao ya nje inayojionyesha kuwa hali chanya. Wanajiswali ni nini inayojificha nyuma ya mienendo hiyo iliyo nzuri nje.

Tukihitaji kutambua utu wetu halisi, tunaweza kutumia Amri kumi za Mungu na kuzilinganisha na mambo ambayo mwenendo wetu unaficha. Hivyo, tunatambua haraka jambo lisiloendeka ndani mwetu, na kutambua cha kufanya kusudi ya kutolea suluhisho jambo hilo na kuelewa vipi tulivyopashwa kufikiri, kunena na kutenda. Huo ndio ufunguo wa maisha iliyo chanya kabisa.

Mtafikiria, pengine kwamba kilichoandikwa hapa hakiwezi kuthibitishwa. Kwa nini hivyo? Kwa sababu Mungu anapenda mjithibitishie wenyewe kwamba Yumo ndani mwenu. Ikiwa wafuasi wa Yesu wa Nazareti wanaweza kuzungumzia jambo hilo, ni kwa sababu kwamba wengi wao wametambua ndani mwao kwamba Mungu, nguvu ya Uzima, yumo ndani mwao wao wenyewe, na ndani mwetu sote.

Uzima ni uzima wa milele kwa kuwa Mungu yupo milele. Kwa maana Mungu alitazama na kuumba kiumbe cha kiroho kilicho

nafsini mwetu, tutaishi milele, si kama wa-
nadamu, bali kama viumbe vya kimungu,
kama viumbe safi.

Kila mmoja anajua kwamba siku moja au
nyingine, mwili wetu wa kimwili utakufa. La-
kini Kristo wa Mungu yupo na Anatuita, Anaita
pia nafsi muda wa kutoka mwilini. Na mwito
huo unasema: *«Kujeni Kwangu, nyinyi nyote
mnaosumbuka na kulemewa na mzigo, na
Mimi»*, Kristo, *«Nitawapumzisha.»*

Tumwombe nani faraja wakati huzuni na
dhiki vinatukumba, wakati imani yetu kwa
Mungu inayumba au tena wakati hatusadiki
kitu? Siku moja au nyingine muda wa kujiswa-
li ikiwa Mungu yupo hufika. Ikiwa unajiswali
swali hilo pia, ni vema uwe makini kwa hisi za
nafsini mwako, tega sikio na «utasikia» mwa-
liko unaosema «Kujeni kwangu, Mimi, Kristo,
kwani nataka kuwapumzisha wale wote wa-
naosumbuka na wanaolemewa na mizigo ya
dhambi!»

Yule anajifunza kuchanganua mambo na aliye na dhamiri timamu na makini huelewa kwa urahisi maana ya Amri za Mungu na hata pia maana ya Mafundisho ya Yesu Mlimani.

Wanadamu wa nyakati mpya

Tusadiki au la, Nyakati Mpya zimeanza. Zinakuja! Watu wengi wanahitaji kugeuka watu wapya, watu huru, watu wanaoishi ndani ya Roho wa Mungu, watu wanaoheshimu na kupenda mazingira, na wanaowasiliana na majirani wao katika amani, na kuwasiliana na nguvu ya Mungu.

Hivyo ndivyo watu wa Nyakati Mpya, vizazi vya siku za usoni watakavyokuwa. Je! Unakubali kuwa hivyo?

Huna haja ya kiongozi cha nje,kwani ndani mwako,una Kiongozi cha Kiroho. Roho wa Kristo wa Mungu. Yumo ndani ya kila mmoja wetu. Jaribuni kujirekebisha nyinyi wenyewe kwa ajili ya kukaribia uzima halisi! Hakuna anayeruhusiwa kutulazimisha kushika miongozo ya Roho. Ndani ya Roho wa ukweli, ndani ya Mungu, mpo, na tupo sote watu huru. Hakuna anayelazimishwa kushika amri ila kila mmoja ana uwezekano huo.

Tunaelewaje «uzima halisi»? Kila mmoja anayeishi na kusimulia baina ya wenziwe anadhani hakika kwamba anaishi!

Lakini, tufikiri kidogo na tujiswali ikiwa maisha tunayoishi duniani humu ndiyo maisha halisi hakika.

Ukihitaji kufahamu kwa mapana maisha halisi, chukua na soma kwa utulivu na umakini Amri kumi za Mungu au Mafundisho ya Yesu wa Nazareti mlimani. Mdadisi mzuri anayetegemea kuelewa maana ya kina ya amri hizo anaona kwa undani na anaelewa miongozo iliyotolewa na Mweza wa vyote ndani ya Amri kumi aliyowatolea walimwengu kupitia Musa.

Mdadisi mzuri anatambua na kuelewa kwa undani mafundisho ya Yesu mlimani. Shina la uzima halisi limo katika Amri kumi na Mafundisho ya mlimani. Na kuna uwezekano wa kuishi maisha hiyo halisi, Mafundisho ya mlimani imependekezwa kwa kila mmoja wetu kama

vigezo, kwa shuruti moja tu la mtu kuyaku-
bali. Kutekeleza maelekezo hayo hakutugeuzi
kuwa watu «wa dini sana», wala tena wataka-
tifu! Hapana, ila tunageuka wakimya, watuli-
vu sana, watu wanaoshika kwa kweli kanuni
ya uzima iliyofundishwa na Yesu wa Nazareti:
*«Ni vema mwenendo wako kwa wengine uwe
kama ule unaohitaji wawe nao kwako.»* Tuta-
sema kwa kutumia usemi wa kueleweka na
watu wote: *«Usiwatendee wenzio kile usicho-
taka wakutendee.»*

Sentensi hizo mbili zina maana moja.Ina-
tupasa tujifunze kuzielewa kwa kina. Tukizie-
lewa na tukizitekeleza hatua kwa hatua mai-
shani mwetu, tutakuwa washuhuda wa kile
tunachokiita miujiza midogo kwani tutakuwa
salama. Tutakuwa wenye raha na watu huru.
Hatutakuwa tena watu wenye kutegemea
wengine na tutasitisha tendo la kushikiliwa
na wenzetu. Tutahisi na kupata maarifa ya
uhuru.

Uhuru ni sehemu ya amri za Mungu. Ni nani asiyependa uhuru? Basi, Tujaribu kuchanganua hatua kwa hatua amri za Mungu na kuelewa Mafundisho ya Yesu mlimani kwa ajili ya kuitimiza maishani mwetu siku zote. Hayo ndiyo yanaleta uhuru na kutuweka karibu na Mungu. Na kwa kutenda hivyo, tunagundua kwamba Mungu yumo ndani mwetu. Huo ndio ukweli wa uzima halisi unaotuletea furaha, kinyume na mwendo mbaya wa mambo na mabomoko ya jumla tunayoshuhudia katika nyanja zote na tena kinyume na mateso inayojitokeza kila upande.

Tuna Baba aliye Baba yetu sote, Baba wa Mbinguni. Mtolee Roho wake akaaye ndani mwenu na ndani ya kila mmoja wetu sala zenu. Kwani, Mungu, Baba yetu anapenda kila mmoja wetu. Upendo wake hauna dosari na ni wa milele.

Sala za moyoni mwetu zinatuwezesha kumkaribia Yeye, Baba yetu wa milele, na kupata maarifa ya nguvu Zake na ya msaada Wake ndani mwetu. Tunapata dhamiri kwamba hatuna haja ya maungamo ya kidini wala desturi za kieklezia. Hatimaye, makasisi si muhimu kwani hatuna haja ya wapatanishi. Ndani mwetu tuna kitu cha ajabu, kisichoweza kilinganishwa na kitu, kito cha thamani isiyokadirwa.

Yesu Kristu anatualika tufukue kitu hicho cha thamani. Kwani Yesu alifundisha: «*Mimi*», yaani Kristo «*ni njia, ukweli na uzima*». Na Kristo anatualika tumfuate, Yeye, Kristo. Hatimaye, kwa kila mmoja wetu hayo yanamaanisha kutafuta utulivu mahali palipo ukimya, kuomba na kutekeleza ukweli ambao dhamiri yetu inatukumbusha muda wa sala ya moyoni.

Mungu yupo

Kupata maarifa ya Mungu ndani mwetu ni zawadi kubwa. Jinsi muda unavyopita, utatambua kwamba unageuka mtu huru na mwenye raha. Utatambua pia kwamba kumtafutia Mungu nje, kwa mfano katika kanisa lililojengwa na mikono ya watu, ni jambo lisilo na maana kubwa.

Anzeni kufukua kitu hicho cha thamani na mtahisi furaha kubwa ya kuwa karibu na mtu moyoni mwenu. Si mtu aliye kimwili. Yule mnayemkaribia ni Yule tunayesimulia naye tukimwita *«Baba Yetu»*, *«Baba Yetu Wewe uliye Mbinguni, Jina lako limetakasika»*.

Tukuza jina Lake! Omba moyoni mwako. Sali ndani mwako, timiza hatua kwa hatua sala zako na utahisi uwepo, uwepo wa Baba Mbinguni, Yeye tunayemtukuza ndani ya sala ya «Baba Yetu». Haraka, utahisi kwamba hayupo peke yako, kwamba kitu fulani kinaubisha mlango wa moyo wako, kwamba kitu fulani kinapumua na kutiririka ndani mwako. Utahisi kwamba ni Roho, Roho wa Baba yetu wa mbinguni, aliye ukweli. Ni jito la Uzima ndani mwenu, ndani ya kila mmoja wetu.

Ona jinsi chumba kidogo chenye ukimya kilicho karibu nasi! Hatua kwa hatua, unafikia imani ya ndani, uhakika wa moyoni, kwa sababu sala zako zina nguvu nyingi, na uhuru unakua sana ndani mwako na kwa sababu unashirikiana na jirani yako, na utu wake wa ndani, kwa namna tofauti. Raha ya ndani iliyokua ndani mwako na inayoendelea kukua inamulika na hivyo inaweza basi kugusa nafsi za wenzio kwa sababu wanamtafuta Mungu, Mungu halisi.

Tukumbuke mara tena ujumbe huo ambao, tukiwa hakika na dhamiri yake, unatupatia siku zote usalama wa ndani na unatuletea siku zote uhakika wa kubebwa na nguvu ya

ulimwenguni pote ya kimungu na upendo wa
Mungu.

Huna haja ya viongozi vya nje. Una mwon-
gozi apitaye wote ndani mwako. Ni kiongozi
cha kiroho, Roho wa Yule Asiye na mwisho,
Kristo wa Mungu aliye nafsini mwako.

Yumo ndani mwako, Yumo ndani ya kila
mmoja wetu, siku zote yupo.

Wakati unapotembea,
Mungu yupo.

Wakati unaposimulia na mwenzio,
Mungu yupo.

Wakati unapoenda kazini,
Mungu yupo.

Wakati unapokula chakula chako.
Mungu yupo.

Wakati unapoenda kulala,
Mungu yupo.

Wakati unapoamka,
Mungu yupo.

Yeye, Roho mtukufu ndani mwako,
anapendelea kukusindikiza katika mchana.

Marafiki wapendwa, ni kitu kipi chema sana
twaweza kutakiana wamoja kwa wengine isi-
pokuwa amani, furaha, raha, afya na zaidi:
Mungu pamoja nasi, kwani Mungu yumo nda-
ni mwetu!

Yesu wa Nazareti alikuwa nani?

Utoto na ujana wake

Kitabuni humu mumekusanywa vifungu tofauti vya ufunuo wa Kristo, ambamo mwenyewe anaeleza hadithi ya maisha yake duniani katika Yesu wa Nazareti, kwa upekee ujana na utoto wake.

S170swa • ISBN 978-3-96446-226-8 • Kurasa 46

Jifunze kuomba

Katika sala ya kweli, unapata maarifa ya Mungu. Sala halisi humfanya mtu awe mwenye raha.

Ila, sala halisi huhitaji mafunzo, kwa kuwa sala halisi, tunayoifanya ndani mwetu wenyewe, ni mazungumzo na Mungu.

S174swa • ISBN 978-3-96446-225-1 • Kurasa 54

Amri Kumi za Mungu

zilizotolewa kupitia Musa

na kufafanuliwa katika usemi wa siku hizi, ni mashauri ya uzima yenye thamani kubwa inayomwezesha mtu kupata Amani ya roho, uhuru na kumsaidia kumkaribia hauta kwa hatua Mungu, Roho huru aliye ndani mwetu na ndani ya viumbe vyote.

S338swa • ISBN 978-3-96446-227-5 • Kurasa 46

Vijitabu vitolewavyo bila malipo

- Mnaishi milele. Hakuna mauti

- Usikate tamaa! Stahimili!

- Mungu ndani mwetu

- Kumpata Mungu!
  Wapi? Na Vipi?

- Uwezekano wa kuzaliwa upya
  katika mwili wa mwanadamu
  ni neema ya Uzima

- Mafundisho ya Yesu Mlimani
  Ufunguo wa maisha
  ya kiroho yenye raha

*Vitabu hivi vinapatikana pia katika lugha ya kiingereza,
kifaransa na nyingine nyingi pia*

**Infos at WhatsApp/Viber in English: +49 151 1883 8742
Infos par WhatsApp en français: +49 159 08 45 45 05
www.gabriele-publishing.com**

* 9 7 8 3 9 6 4 4 6 2 4 7 3 *